AF498282

La R∴ L∴ de Saint-Jean de Jérusalem, sous
le titre distinctif de *la Vérité*,

Au V∴ M∴ en exercice de la R∴ L∴ des
Sept Frères Réunis, *au même Or∴.*

V∴ M∴

UN Conseil supérieur et ayant, de droit comme
de fait, la grande inspection sur le Symbolique
de notre R∴ At∴, nous charge de remplir vis-
à-vis de vous la mission ci-après, dont nous
nous empressons de nous acquitter ;

En conséquence, nous avons la faveur de
vous accuser réception des quatre pièces manus-
crites que vous nous avez adressées le 3° de ce
mois, et du Tableau imprimé qui y était joint,
dont pour la plus parfaite intelligence entre nos
At∴ respectifs, le rappel et l'analyse deviennent
indispensables :

La 1ere est la Lettre qu'en qualité de Souv∴
  Chap∴ Ecossais de R∴ ✠∴ près votre
  R∴ L∴, vous faites au nôtre la faveur
  de lui adresser, lui annonçant l'envoi des
  pièces ci-après ; par laquelle vous témoi-
  gnez le désir de former une liaison durable
  entre les deux Chap∴ et attendez avec
  impatience les témoignages de Fraternité
  que vous avez lieu d'espérer.

La 2° est le Tableau manuscrit des Membres
  qui composent le Souv∴ Chap∴ Ecossais
  de R∴ ✠∴ près votre R∴ L∴, certifié
  par vous, scellé, timbré et délivré par
  les FF∴ èsdites qualités.

La 3e est la Copie également certifiée, scellée, timbrée et signée dans les mêmes formes et qualités, des Lettres capitulaires pour l'érection d'un Souv⸫ Chap⸫ Ecossais de R⸫ ✠⸫ près votre R⸫ L⸫, accordées par le G⸫ S⸫ Chap⸫ Ecossais des SS⸫ PP⸫ RR⸫ ✠⸫, établi près la R⸫ Mère L⸫ Ecossaise de France à l'Or⸫ de Marseille, par la Sérénissime Grande Métropole L⸫ d'Hérédon, souveraine de toutes les LL⸫ répandues sur la surface de la Terre, etc.

La 4e est la Copie des pouvoirs conférés par la Sérénissime Grande et Métropole L⸫ d'Edimbourg, souveraine de toutes les LL⸫ répandues sur la surface de la Terre, à la T⸫ R⸫ L⸫ Ecossaise de France à l'Or⸫ de Marseille ; lesdits pouvoirs donnés au nom du digne F⸫ *Georges du Valnous*, à l'effet de constituer en France les LL⸫ qu'il trouvera bon, *de l'auguste, respectable et parfait Ordre des Ecossais*, même de céder et transporter lesdits pouvoirs, au F⸫ qu'il en trouvera digne et capable ; approuvant ladite cession et lui donnant pouvoir de même d'en constituer d'autres et nommer les FF⸫ Maç⸫ et Officiers des LL⸫ légitimées qu'il trouvera à propos.

Et la 5e et dernière est le Tableau imprimé des Membres composant la Mère L⸫ Ecossaise de France, Or⸫ de Marseille.

Il résulte, V⸫ M⸫, de l'examen le plus froid et le plus réfléchi des cinq Pièces ci-devant analysées, avec la franchise et la loyauté dont nous faisons profession, et avec une telle exactitude que nous n'aurons besoin de les rappeler que par leur ordre numérique :

1°. Que dans la première vous prenez, ainsi que vos Collégues, et investissez votre Réunion d'un Titre Sublime, que vous ne possédez pas, que nous ne vous connaissons pas, et que par les Pièces mêmes que vous nous communiquez, nous ne pouvons vous admettre.

2°. Que par la deuxième vous persistez dans cette erreur, et vous vous constituez volontairement et libéralement dans les susdites qualités.

3°. Que si la troisième est exacte, ce dont notre confiance en vous ne nous permet pas de douter, vous avez été abusés d'une manière bien étrange ou entraînés par un désir plus ardent que réfléchi, d'acquérir ce dernier point de la Perfection maç.·.

4°. Que, d'après la quatrième, vous ne pouvez plus trouver d'excuses dans votre aveuglement, votre ardente ambition, ou votre exaspération ; car si vous eussiez apporté la plus faible attention au point le plus essentiel, celui qui doit asseoir votre existence, vous eussiez reconnu comme nous, que vous ne pouviez tenir de votre Mère une essence supérieure à la sienne ; qu'elle-même ne prend que le Titre et ne se targue que de la Puissance qu'elle tient de sa Fondatrice ; et à moins qu'elle n'ait d'autres pouvoirs que ceux sus relatés, toute sa souveraineté se borne et se concentre dans l'Ecossisme.

5°. Enfin, que la cinquième est la consé-quence vraie, sensible et irrécusable de cette assertion, puisqu'il suffit de l'ouvrir pour se convaincre que, par son Titre et les qualités des principaux Membres qui y figurent, même le V∴, ils ne sont que Ch∴ de l'O∴, et vous ne pouvez pas ignorer plus que nous, que le sublime et dernier point parfait de la Maç∴ en France est le R∴ ✳∴, comme le R∴ Arc∴ en Angleterre, etc. etc. etc.

Nous vous remettons ci-jointe une Planche dont nous vous prions de vouloir bien donner communication à votre R∴ At∴ ; elle contient la profession de foi la plus sincère de la part du nôtre envers lui, et l'expression la plus vraie des sentimens que nous lui portons.

Nous avons la faveur d'être par les NN∴ MM∴ A∴ V∴ C∴ et A∴ T∴ L∴ H∴ Q∴ V∴ S∴ D∴

V∴ M∴

Vos très-affectionnés et dévoués FF∴

Par Mandement de la R∴ L∴,

SAILLARD, R∴ ✳∴, secrétaire.

A l'Or∴ du Cap-Français, île Saint-Domingue, le 21ᵉ jour du 2ᵉ mois maç∴ l'an de la V∴ L∴ 5803.

La R∴ L∴ de Saint-Jean de Jérusalem, sous le titre distinctif de *la Vérité*,

A la R∴ L∴ des Sept Frères Réunis, *au même Or∴*

V∴ M∴ 1ᵉʳ et 2ᵉ Surv∴ Off∴ Dign∴ et VV∴ TT∴ NN∴ TT∴ CC∴ FF∴

VOUS ne pouvez, sans ingratitude, oublier le jour solennel où, d'après votre vœu commun bien exprimé et votre demande expresse, la R∴ L∴ de *la Vérité* installa votre R∴ A∴, vous mit provisoirement sous son égide, vous autorisa à travailler régulièrement, vous plaçant sous la protection et sous les auspices du G∴ O∴ de France, et se fit un plaisir autant qu'un devoir de vous tracer la conduite que vous deviez tenir, pour vous faire régulariser et vous mettre en instance, à l'effet d'obtenir des Constitutions de ce seul point central de notre Ordre sublime, sous la simple condition de votre part et jusqu'à votre confirmation, de vous restreindre aux Travaux symboliques.

Vous ne pouvez pas non plus, sans une injustice manifeste, perdre de vue, ni la pompe qui accompagna ce jour mémorable pour nous, ni le zèle qui nous y porta, non plus que le plaisir que firent éclater tous les Membres de notre R∴ A∴ de voir, par ce concours de circonstances heureuses, s'éteindre des dissentions naissantes, aussi humiliantes que peu édifiantes, et tous les FF∴ des deux LL∴ se réunir et se confondre désormais, par les liens de la plus sincère amitié et de la plus indissoluble fraternité. Ce moment nous est toujours présent ; il nous sera toujours cher ; le plaisir que nous avons toujours eu à vous recevoir dans nos Assemblées, l'empressement de plusieurs des nôtres à vous visiter, vous en sont un bien sûr garant.

Par quel vertige, par quelle complication infernale de désordre et de confusion, avez-vous volontairement dévié de la route qui vous était frayée, pour vous livrer à des mains étrangères, qui vous ont égarés et conduits dans des sentiers tortueux qui ne peuvent aboutir qu'à un précipice affreux, d'où vous ne pourrez vous retirer ? Vous n'avez couru jusques ici que d'erreurs en erreurs, et vous avez peut-être perdu tout le fruit qu'une ambition justement mesurée vous eût fait cueillir, et que votre inquiète impatience vous aura ravi, du moins pour long-temps.

Gardez-vous de croire, TT∴ CC∴ FF∴, que nous prétendions amoindrir ni altérer le respect dû et que nous portons à la T∴ R∴ Mère L∴ Ecossaise de France, Or∴ de Marseille, la 4ᵉ Pièce faisant partie de la dernière remise qui nous a été faite et que nous avons analysée, nous donne la mesure exacte de son caractère respectable, et nous lui rendons dans sa qualification y consignée, les honneurs qu'elle mérite ; mais ou il y a erreur dans la 3ᵉ Pièce, ou subversion de qualités, ou bouleversement de principes, puisqu'elle y prend un autre Titre que celui qui lui convient ; qu'elle paraît vous l'avoir conféré et vous avoir constitué un Souv∴ Chap∴, dénommé cependant *Ecossais*, ce que ne contient nullement la 4ᵉ Pièce, qui annonce la véritable qualification , ainsi que ses véritables pouvoirs ; et que le tout semble clairement se concentrer et se borner à l'Ecossisme.

Indépendamment de nos lumières particulières et par le désir sincère de vous rendre des honneurs , bien et légitimement acquis , nous avons consulté avec le plus grand soin les Règlemens émanés du G∴ O∴ de France , que vous pouvez vous procurer comme nous, nous avons reconnu tout ce qu'il prescrit et ordonne pour de semblables érections, et nous voyons avec une véritable peine que vous n'ayez rempli aucune des formalités qu'il exige.

Loin de vous, TT∴ CC∴ FF∴, l'idée qu'il y ait de notre part aucun sentiment d'orgueil ; nous y sommes inaccessibles, mais nous tenons à nos devoirs, à nos obligations et nous ne nous en écarterons jamais.

C'est avec autant de regret que de douleur que, d'après les démarches que nous avions faites pour vous servir et vous appuyer auprès du G∴ O∴, nous nous voyons forcés de l'informer sans délai de ces innovations et infractions à ses principes et de cette irrégularité dans vos Travaux, ainsi que des abus que nous découvrons.

Il nous restera, avec la douce satisfaction d'avoir fait tout ce qui pouvait dépendre de nous, pour vivre avec vous dans cette douce harmonie et cette précieuse amitié, que nous nous plaisons à faire régner entre nous et toutes les LL∴ de notre correspondance , le regret bien sensible de n'avoir pu vous maintenir dans les vrais Principes maç∴, et la douleur accablante de nous voir réduits à nous éloigner et à repousser de notre sein des FF∴ que nous chérissons et dont le rapprochement aurait fait notre félicité.

Nous avons la faveur d'être par les NN∴ MM∴ Q∴ V∴ C∴ et avec les H∴ Q∴ S∴ V∴ S∴ D∴,

V∴ M∴ et TT∴ CC∴ FF∴

Vos très-affectionnés et dévoués FF∴,

Par Mandement de la R∴ L∴

S A I L L A R D, R∴ ✠∴, secrétaire.

A l'O∴ de l'Un∴, le 8∴ J∴ du 4ᵉ M∴ M∴ l'an de la G∴ L∴ 5803.

JEAN - LOUIS - MICHEL DALET, T∴ S∴ du S∴ Ch∴ de Rose-Croix des 7 *FF∴*, régulièrement constitué à l'Or∴ du Cap,

Au S∴ Ch∴ de la Vérité, même O∴

S∴ S∴ S∴

T T∴ P P∴ F F∴

LORSQUE pour satisfaire au vœu unanime des SS∴ PP∴ que j'ai la faveur de présider, je vous ai adressé la Copie des Pièces qui établissent la régularisation de leurs Travaux, j'étais bien éloigné d'imaginer que ce que je regardais comme un nouveau gage d'union et de paix allait allumer le flambeau de la Discorde, attirer sur la Loge symbolique des 7 *FF∴ Réunis*, sur moi comme Vénérable de ce R∴ A∴, tous les fléaux qui peuvent désoler le Monde M∴

J'ai répondu à la Resp∴ L∴ *la Vérité*, mais je n'ai pu, et vous avez dû le sentir, traiter avec elle des grands intérêts qui divisent les deux Chapitres, cette discussion lui est aussi étrangère qu'aux Maçons qui composent l'Atelier symbolique des 7 *FF∴ Réunis.* C'est à vous seuls, TT∴ PP∴ FF∴, que je vais adresser mes observations à l'analyse qui m'a été transmise, non à titre de justification, mais comme une dernière tentative pour ramener aux bons principes des FF∴ que je me plaisais à considérer comme mes Maîtres, auxquels à ce titre j'avais voué l'amitié la plus franche et la plus vive ; j'entre en matière.

Sans vous suivre dans le dépouillement des cinq Pièces qui vous ont été présentées, je crois que tout se réduit à savoir et à décider si le grand souverain Chap∴ à l'O∴ de Marseille a eu ou n'a pas eu le pouvoir de nous concéder des Lettres capitulaires.

S'il a eu ce pouvoir, TT∴ PP∴ FF∴, vous sentez aisément combien vous vous êtes égarés, vous devez vous attendre qu'il saura faire respecter ses droits, venger ses offenses.

S'il a au contraire concédé sans autorisation, nous aurons été abusés, comme vous le dites, d'une manière bien étrange ; mais nous ne serons jamais blâmés par les véritables Maçons, de nous être laissés vaincre par le désir d'augmenter en grades comme en connaissances et en vertus.

Vous vous êtes appesantis, TT∴ PP∴ FF∴, sur la 4ᵉ Pièce qui vous a été livrée ; ce sont les pouvoirs donnés à la M∴ L∴ Ec∴ de France, le 17ᵉ J∴ du 4ᵉ M∴ l'an de Loge 5751, ils ont trait au simple Ecossisme, nous en conviendrons avec vous ; mais qui de nous sera considéré comme aveugle ou exaspéré, quand à la simple lecture des Lettres capitulaires qui vous offusquent au point d'avoir rendu nulles pour un instant vos facultés intellectuelles, on verra que le G∴ S∴ Ch∴ Ecossais établi près la M∴ L∴ Ecossaise de F∴, O∴ de Marseille, ne parle pas de ces pouvoirs de 5751, mais bien de ceux que la sérénissime grande métropole Loge d'Hérédon lui a confiés en son Ch∴ G∴ de l'Ordre tenu le 5∴ J∴ du 2∴ M∴ l'an de la V∴ L∴ M∴ 5787, environ trente-six années après les premiers.

Au vrai, je n'ai remis cette Copie au F∴ Coupigny que comme un renseignement et non comme une Pièce qui dût être soumise à examen, encore moins à la critique. Le Tableau qui vous a été présenté comme un gage de l'union que nous désirions faire naître entre vous et la M∴ L∴ Ecossaise vous a encore abusé, puisqu'il est vrai de dire et bien facile à vérifier qu'aucun des Membres qui y sont inscrits ne font partie du G∴ S∴ Ch∴.

Vous avez été constitués par le T∴ P∴ F∴ Huet de la Chelle qui, par le Chap∴ métropolitain de Rouen, tenait ses pouvoirs d'Hérédon; ainsi, TT∴ PP∴ FF∴, quand à ce sublime Grade, vous relevez comme nous d'Hérédon, vous êtes soumis à ses Décrets ; or, vous a-t-il établi juges de vos égaux en qualité comme en droit ? Vous a-t-il donné la mission de surveiller la conduite et les travaux des Chapitres qui vous environnent, et même des Chapitres qui vous sont supérieurs ?

Dix-neuf signatures ornent la Charte que nous avons obtenue. Avez-vous pu croire un seul instant, TT∴ PP∴ FF∴, que cette auguste Assemblée avait opéré sans droit et s'était, par cette irrégularité, exposée à la perte peut-être de son Titre, du rang éminent qui lui est assigné dans la M∴?

Vous n'avez pu, TT∴ PP∴ FF∴, faire usage de la Copie informe des Pouvoirs de 5751, que j'avais confiée au T∴ P∴ F∴ Coupigny; j'ai le droit d'en demander la remise et je l'attends de vous.

Je crois vous avoir convaincus du droit qui nous a été conféré; loin de moi, TT∴ PP∴ FF∴, toute récrimination odieuse, j'oublie les termes peu mesurés qui ont été employés. Il eût été mieux sans doute que ce qui tend à aigrir eût été éloigné d'une discussion froide et réfléchie; cela nous eût peut-être évité une dissension vraiment scandaleuse. Mais forcé à une apologie que je crois complète et à laquelle le G∴ S∴ C∴ qui m'a institué donnera la dernière main, je vais la lui adresser ainsi qu'à tous les Ch∴ de la Colonie et de France.

La décision de ce débat ne peut tarder, attendons-la en paix et que sur-tout les LL∴ symboliques qui relèvent de nous ne deviennent jamais victimes de la mésintelligence des deux Chap∴, au milieu desquels peut encore renaître l'union et la paix, parce qu'une estime réciproque en a constamment lié les différens Membres.

J'ai la faveur d'être dans l'Unité paisible des N∴ M∴ et S∴ Q∴ V∴ S∴ C∴

TT∴ PP∴ FF∴

Votre dévoué F∴,

Signé DALET.

O∴ du Cap, le 8ᵉ J∴ du 4ᵉ M∴ M∴
l'an de la V∴ L∴ 5803.

JEAN-LOUIS-MICHEL DALET, R∴ ✠∴,
M∴ E∴ T∴ G∴ Vénérable en exercice de
la R∴ L∴ de Saint-Jean de Jérusalem, sous
le titre distinctif des *Sept Frères Réunis*,
régulièrement constituée par le G∴ O∴ de
France, O∴ du Cap.

*A la R∴ L∴ de Saint-Jean de Jérusalem,
sous le titre distinctif de* la Vérité, Or∴
du Cap.

V∴ M∴ 1ᵉʳ et 2ᵉ Surveillans VV∴ TT∴
MM∴ FF∴.

J'AI reçu, à un mois environ de sa date,
votre Planche à tracer du 21ᵉ J∴ du 2ᵉ M∴
M∴, je n'ai pas voulu y répondre sur le champ,
parce que j'ai voulu réfléchir mûrement sur son
contenu et calmer la vive agitation qu'elle a
fait naître en moi.

Vous n'en devez pas douter, TT∴ CC∴
FF∴, c'est avec douleur, c'est avec un regret
mortel que je me vois provoqué, insulté, dégradé
de la manière la plus sérieuse et la plus grave,
par des Maçons, par des FF∴ que j'ai toujours
chéris, et que je chéris encore, envers lesquels
je n'ai pas à me reprocher l'ombre d'une faute,
l'ombre d'un tort, vous devez être convaincus
que je déplore avec amertume la fatalité qui
me met dans l'alternative funeste de les com-
battre ou de me laisser fouler aux pieds.......

Quoiqu'il en soit, TT∴ CC∴ FF∴, c'est avec la modération qui convient à un Maçon que je vais vous répondre et essayer de vous ouvrir les yeux sur la cruelle prévention qu'on vous a inspirée et qui vous égare.

Par un véritable bouleversement de principes, une L∴ symbolique, oubliant ses devoirs, encouragée dans cette infraction par ceux-là même qui devaient la diriger et l'instruire, a osé déchirer le voile qui devait éternellement cacher à ses yeux des Grades sublimes qu'elle ne pouvait connaître, argumenter sur des points mystérieux qui, pour elle, devaient être sacrés autant qu'incompréhensibles ; elle a fait plus, distillant à grands flots le fiel et l'injure, elle s'est érigée en souveraine, et non-seulement elle a brisé tous les usages, méprisé toutes les convenances, mais encore elle a manqué au respect qu'elle devait, je ne dis pas à moi qui n'ai jamais envié que l'estime et l'amitié de mes FF∴, mais à des Autorités jusqu'à présent non méconnues et qui peuvent punir. Ah ! MM∴ FF∴, pourquoi vos cœurs se sont-ils fermés tout à coup aux douceurs de l'amitié ? Par quelle magie les passions haineuses en ont-elles chassé les sentimens affectueux et fraternels que vous sembliez avoir voués pour la vie à des FF∴ qui vous chérissaient avec autant de franchise, qui vous avaient donné de leur attachement invariable des preuves si touchantes, si nombreuses ?

Si en analysant, comme vous l'avez fait, les Pièces qui ne devaient jamais vous être transmises, je devais, je pouvais être entendu, il me serait bien facile de vous démontrer vos nombreuses erreurs, ou pour mieux dire celles du Conseil supérieur qui vous a dirigé ; mais dois-je tomber dans la faute que je viens de vous reprocher ? Puis-je vous dessiller les yeux, sans vous conduire avec moi dans une route que vous ne devez pas connaître ? Cependant vos esprits prévenus, imbus de fausses maximes vous conduisent déjà à douter de l'existence maçonnique du R∴ At∴ que je dirige, vous portent même à propager cette opinion dans le Monde profane, et cela parce que vous ne connaissez pas nos Grades supérieurs, et que vous allez nous dénoncer au G∴ O∴

La R∴ L∴ des 7 *FF∴ Réunis* M∴ FF∴ est étrangère, absolument étrangère à tous ces débats, à toutes ces distinctions ; strictement conscrite dans les bornes qui lui sont prescrites, jamais elle n'est sortie de sa sphère, fidelle observatrice des Lois de la M∴, des Statuts du G∴ O∴, j'ose dire que ses travaux ont jeté quelque éclat, que sa conduite maçonnique a commandé votre estime, si elle n'a pu mériter de vous un sentiment plus doux, pourquoi donc la persécuter ?...... Pourquoi la dénoncer au G∴ O∴, comme coupable d'irrégularité dans ses travaux ? Pourquoi, enfin, éloigner, repousser si cruellement de votre sein des FF∴ dont les cœurs n'ont cessé de vous être attachés, dont les bras sont ouverts pour vous recevoir ?

Mais, TT∴ CC∴ FF∴, que pouvez-vous dire au G∴ O∴ ? car, sans doute, vous conviendrez avec moi qu'il n'existe aucun rapport entre une L∴ symbolique et des Conseils ou Chapitres sublimes, que par une conséquence juste, si ces Conseils ou Chapitres sont irrégu-lièrement institués, les Maçons symboliques n'en peuvent devenir garans....... Les regardez-vous

comme coupables, comme dignes de proscription, pour avoir admis parmi eux les Maçons
revêtus de Grades sublimes, pour avoir fraternisé
avec eux ? Je ne le crois pas, une pareille idée
répugne trop au bon sens, est trop contraire
aux véritables principes de la M∴.

Pour tranquilliser vos consciences timorées,
je dois vous annoncer, T'T∴. CC∴. FF∴., que
ma réponse à l'analyse que contient votre
Planche, va être transmise à ceux qui peuvent
seuls la lire avec fruit et en apprécier la
justesse......

Au surplus, TT∴. CC∴. FF∴., permettez à
un F∴. peu instruit, mais plein de zèle, de
vous rappeler aux Principes de notre Ordre
sublime qui nous commandent de relever nos
FF∴. qui s'égarent par les lumières du sentiment,
de la raison et de la persuasion ; permettez que
j'observe qu'il eût été, ce me semble, plus
convenable , plus modéré , plus charitable
d'avertir vos FF∴. de leurs erreurs (si tant est
qu'ils en aient commis) que de vous livrer à
des sentimens qui doivent vous affliger , que
de provoquer la proscription de vos FF∴., de
vos Amis.

Quant à moi, TT∴. CC∴. FF∴., j'ai déposé
tout sentiment de haine et de vengeance, j'ai
oublié l'outrage qui m'est personnel, mais ce
qui est dû à mon caractère me prescrit de
mettre sous les yeux du G∴. O∴., sous les
yeux de toutes les Loges de France et de
Saint-Domingue, et ma conduite et la vôtre,
et votre Planche et mes réponses, on reconnaîtra
de quel côté est l'erreur, de quel côté est
l'ambition.

Obligé de me soumettre à une décision qui vous est particulière, il me sera pénible, TT∴ CC∴ FF∴, de m'abstenir d'assister à vos travaux, mais j'ose encore me promettre que vos cœurs ramenés par la réflexion à des sentimens plus modérés, s'empresseront bientôt d'anéantir cette barrière élevée entre deux LL∴ si long-temps unies.

J'ai la faveur d'être P∴ L∴ N∴ M∴ C∴ D∴ V∴ M∴ et E∴ V∴ R∴ F∴ L∴ H∴ Q∴ V∴ S∴ D∴,

V∴ M∴ FF∴ 1er et 2e S∴ et VV∴ TT∴ CC∴ FF∴,

Le V∴ dévoué F∴, signé D A L E T, R∴ ✝∴, M∴ E∴ T∴ G∴ V∴ de la R∴ L∴ les 7 *FF∴ Réunis*, 3e Exercice.

⮞◆○◗◖○◆⮜

O∴ du Cap-Français, île St-Domingue, le 11e J∴ du 4e M∴ M∴, l'an de la V∴ L∴ 5803.

La R∴ L∴ de Saint-Jean de Jérusalem, sous le titre distinctif des *Sept Frères Réunis*,

A la R∴ L∴ de la Vérité, *au même Or∴*

V∴ M∴ 1er et 2e S∴ Off∴ D∴ et VV∴ NN∴ TT∴ CC∴ FF∴

C'EST avec un profond sentiment de douleur que la R∴ L∴ des *Sept Frères Réunis* a reçu la Planche que vous lui avez adressée, et c'est le même sentiment qui dictera la Réponse qu'elle doit vous faire.

Nous n'avons point oublié l'épanchement mutuel qui a accompagné et suivi l'Installation de N∴ R∴ At∴ dans le Temple que nous avons élevé à la Vertu, et toutes les fois que quelques-uns des FF∴ du vôtre sont venus au milieu de nous, ils ont eu de nouvelles occasions de se convaincre que le même zèle pour notre Ordre sublime et le même attachement pour nos Frères n'avaient jamais cessé de nous animer.

Si quelqu'un peut être accusé d'avoir rompu cette union intime qui doit régner entre deux At∴ dirigés par les mêmes principes, occupés des mêmes Travaux et devant atteindre au même but, nous ne craignons point de le dire, de le proclamer, ce n'est pas à nous qu'on peut l'imputer.

Sans cette fatale Planche, dans laquelle vous supposez ou plutôt vous créez des prétendus motifs de discorde, la même harmonie subsisterait encore ; nous allons plus loin, elle subsiste toujours de notre côté, et vos injustes reproches, vos qualifications déplacées ne nous feront jamais sortir du ton de modération qui seul convient à des Maçons, et sur-tout à des Maçons parlant à des Frères.

Vous prétendez que la R∴ L∴ Ecossaise, O∴ de Marseille, n'a pas eu le droit de constituer un Chapitre, que ses Pouvoirs se circonscrivent dans l'Ecossisme. Nous n'entrerons point dans l'examen d'une question qui nous est étrangère, qui exigerait des connaissances au-dessus des nôtres, et qui, sous tous les rapports, nous est interdite.

Convenez même, TT∴ CC∴ FF∴, qu'il est véritablement extraordinaire et d'une inconvenance palpable, que ceux qui vous dirigent vous aient fait agiter une pareille question et ouvrir sur cette matière une correspondance avec des Frères, qui ne peuvent ni entendre votre langage ni répondre à vos objections.

Serait-il donc possible que deux R∴ At∴, que des Frères qui, de votre propre aveu, n'ont, ni ne peuvent avoir entre eux aucun sujet de dissention, puisque vous convenez de la légalité de notre existence, quant aux Travaux symboliques, les seuls auxquels nous soyons consacrés, serait-il possible que ces deux At∴ eussent entre eux une espèce de guerre morale pour des faits étranges à la portion de lumière et d'existence maç∴ qui leur appartient, et que semblables à ceux qui, tant de fois dans le Monde prophane, ont disputé en aveugles et troublé la société par leurs inintelligibles débats, nous eussions à lutter sur des points que nous ne connaissons ni ne devons connaître, et qu'aucun de nous ne peut ni apprécier ni juger ?

Ah ! plutôt hâtons-nous d'en revenir aux Principes de notre Ordre sublime, principes également communs aux Apprentis et aux Souverains. Laissons ces discussions élevées à ceux à qui elles appartiennent et croyons qu'ils trouveront dans les vertus qui les distinguent les moyens de les éteindre et de les assoupir : pour nous, repoussons de nos cœurs tout levain de haine et d'aigreur ; qu'un sentiment de fraternité en étouffe les premiers germes et ne leur permette pas de se développer. C'est là le vœu que nous ne cesserons jamais de former, et lorsque vous semblez nous repousser de votre sein, nous fermer l'entrée de votre Temple, nous jurons devant le G∴ A∴ de l'U∴, témoin et juge de nos plus secrètes pensées, que nos bras vous seront toujours ouverts et que vous trouverez constamment au milieu de nous des FF∴ pleins pour vous d'une parfaite estime, et qui se croient dignes de la vôtre.

Nous avons la faveur D∴ P∴ L∴ N∴ M∴ Q∴ N∴ S∴ C∴ E∴ E∴ V∴ R∴ T∴ L∴ H∴ Q∴ V∴ S∴ D∴

V∴ M∴ FF∴ 1er et 2e S∴ et VV∴ TT∴ NN∴ TT∴ CC∴ FF∴,

Vos dévoués FF∴,

Signé DALET, R∴ ✳∴, Vén∴

EXTRAIT du Livre d'Or de la R∴ L∴ de Saint-Jean de Jérusalem, sous le titre distinctif de la Vérité *, Or∴ du Cap-Français, en sa Séance du 18ᵉ jour du 4ᶜ Mois Maç∴ l'an de la V∴ L∴ 5803.*

La R∴ L∴, après une mûre délibération, a arrêté qu'il serait nommé une Commission prise dans son sein, composées des TT∴ CC∴ et TT∴ RR∴ FF∴ *Michel* aîné, *Souverbie* et *Saillard*, à l'effet de visiter la R∴ L∴ de Saint-Jean de Jérusalem, sous le titre distinctif des *Sept Frères Réunis*, en cet Or∴, examiner ses Travaux, se faire exhiber et vérifier ses Titres ou Constitutions, et ce, en vertu des pouvoirs conférés à la R∴ L∴ de *la Vérité*, par le G∴ O∴ de France, qui ont été notifiés à la R∴ L∴ des *Sept Frères Réunis*, et rendre compte du tout au R∴ At∴

Pour extrait conforme,

Par Mandement de la R∴ L∴,

SAILLARD, R∴ ✱∴, secrétaire.

EXTRAIT du Livre d'Architecture de la R∴ L∴ de Saint - Jean de Jérusalem, sous le titre distinctif des 7 FF∴ Réunis, Or∴ du Cap-Français, en sa Séance du 16ᵉ J∴ du 5ᵉ M∴ M∴ l'an de la V∴ L∴ 5803.

De la séance du 16ᵉ jour du 5ᵉ M∴ M∴, a été extrait ce qui suit :

Le Vén∴ a fait annoncer que le but de la convocation était l'examen de l'Arrêté de la

R∴ L∴ *la Vérité*, du 18ᵉ J∴ du 4ᵉ M∴, remis à la dernière séance.

Il a été donné lecture de cet Arrêté.

Il a été pareillement donné lecture de la Planche à tracer de la R∴ L∴ *la Vérité*, du 3ᵉ J∴ du 6ᵉ∴ M∴ l'an 5802, contenant copie de son Arrêté du 1ᵉʳ J∴ du 6ᵉ M∴, et de celui du G∴ O∴ dans ses tenues des 11ᵉ, 16ᵉ et 17ᵉ J∴ du 5ᵉ M∴ 5801.

Il a été enfin donné lecture des différentes Planches des deux At∴ qui ont précédé l'Arrêté du 18ᵉ J∴ du 4ᵉ M∴

La discussion a été ensuite ouverte avec invitation, aux FF∴ qui composent la séance, de résumer leurs avis d'une manière claire et précise.

Plusieurs F∴ ayant été successivement entendus sur la question, les opinions individuellement recueillies, sur les conclusions de l'O∴ ;

La R∴ L∴ Saint-Jean de J∴ des 7 *FF∴ Réunis*, considérant, 1° que d'après l'expression littérale des pouvoirs de 5801, la R∴ L∴ de *la Vérité n'a que le droit de propager, rétablir la M∴ à Saint-Domingue, d'y réunir les M∴ épars, en constituant provisoirement des LL∴, sous la condition de présenter ses Travaux à la sanction du G∴ O∴* ;

2°. Que la Planche du 3ᵉ J∴ du 6ᵉ M∴ 5802 renfermait, non pas une notification de pouvoirs absolument étrangers aux L∴ déjà constituées, mais une invitation à nommer des Commissaires pour l'établissement d'une Grande Loge départementale à Saint-Domingue ;

3°. Que la nomination sollicitée n'a jamais eu lieu, que les LL∴ de la correspondance ayant gardé le silence, l'At∴ des 7 *FF∴* n'a pas cru devoir seul concourir à un établissement qui ne paraissait pas alors remplir le vœu unanime des LL∴ de Saint-Domingue, d'où il suit que le projet conçu par la R∴ L∴ *la Vérité* n'a jamais reçu d'exécution.

4°. Que l'Arrêté du 18ᵉ J∴ du 4ᵉ M∴, remis le 20ᵉ J∴ du 5ᵉ M∴ ne peut, sous aucun rapport se baser sur les pouvoirs de 5801, les M∴ qui composent la R∴ L∴ des 7 *FF∴ Réunis* ne pouvant être considérés comme épars, puisque les Travaux de ce R∴ At∴ remontent au 23ᵉ jour du 3ᵉ M∴ 5798 ; que la reprise en instance auprès du G∴ O∴, avec l'attache des RR∴ LL∴ *la Vérité* et *la Concorde* est du 2ᵉ J∴ du 2ᵉ M∴ 5801 ; que cette L∴ se trouve classée avec celles en demande de Constitutions sur le catalogue du G∴ O∴ pour l'an 5802, et comme définitivement constituée sur celui de 5803, ce qui ne laisse aucun doute sur son existence maçonnique.

5°. Qu'il est évident que tous ces faits sont à la connaissance parfaite de tous les Membres qui composent la R∴ L∴ de *la Vérité*, qui, après avoir concouru à la reprise des Travaux du 2ᵉ J∴ du 2ᵉ M∴ 5801, n'ont cessé individuellement de suivre les différentes séances de cet At∴, et ont été bien à portée d'en apprécier la régularité.

6°. Et enfin, *que l'examen des Travaux de cette L∴, l'exhibition et la vérification de ses Titres ou Constitutions*, objet apparent de l'Arrêté du 18ᵉ J∴ du 4ᵉ M∴, et de la nomination des trois Commissaires qu'il contient, est un acte de souveraineté qui n'appartient qu'au G∴ O∴ seul ou à une G∴ L∴ départementale régulièrement constituée ; que la R∴

L∴ ne peut y accéder sans manquer à ce qu'elle se doit à elle-même, ainsi qu'aux différentes LL∴ de Saint-Domingue qui, jusqu'à ce jour, n'ont point encore reconnu cette suprématie prétendue par la R∴ L∴ *la Vérité.*

A arrêté et arrête, à l'unanimité absolue, que les pouvoirs de 5801 ne concernant pas les LL∴ déjà constituées, n'ont pu autoriser une inspection de ses Travaux ; que les Commissaires nommés seront admis comme Représentans d'une Sœur chérie, accueillis comme tels et invités à témoigner à leur Atelier, qu'en refusant une inspection irrégulière, la R∴ L∴ des 7 *FF∴* n'entend pas rompre des liens qu'elle voudrait au contraire resserrer de plus en plus.

Arrête en outre que Copie du présent, ainsi que de l'Arrêté du 18ᵉ J∴ du 4ᵉ M∴, seront transmis au G∴ O∴, à toutes les LL∴ de Saint-Domingue et de France, et adressés à la R∴ L∴ de *la Vérité.*

Pour copie conforme,

Par Mandement de la R∴ L∴,

AU CAP-FRANÇAIS,

Chez le F∴ P. ROUX, imprimeur du Gouvernement, Place d'Armes.